Rainer Haak

Zum Glück gehört Zeit

77-mal Ja zum Innehalten

Fotografien von Tina und Horst Herzig

HERDER

FREIBURG · BASEL · WIEN

Sicherlich gehören Sie auch zu den Menschen, die häufiger einmal sagen: „Tut mir Leid! Ich habe keine Zeit.“ Sicherlich läuft Ihnen manchmal die Zeit weg, und Sie laufen entnervt und abgespannt hinterher. Sicherlich würden Sie gern mehr Zeit haben. Und ganz bestimmt haben Sie sich vorgenommen, Ihre Zeit besser und intensiver zu nutzen.

Dieses Buch handelt von Ihrem und von meinem Leben. Und es handelt vom Glück. Sie werden feststellen, wo wir unserem Glück selbst im Weg stehen. Aber Sie werden auch entdecken, auf welch vielfältige Weise uns das Glück von Tag zu Tag begegnet.

Allerdings: Zum Glück gehört Zeit. Sie werden dann feststellen, dass mit einem relativ kleinen Aufwand ein wunderbares Ergebnis zu erzielen ist. Welcher Aufwand? Ach, manchmal reicht es schon aus, ruhig und still zu werden und sich für das Glück zu öffnen.

Ich wünsche Ihnen Zeit zum Lieben und Lachen, zum Hoffen und Träumen, manchmal auch zum Weinen und Loslassen, auf jeden Fall Zeit, um intensiv zu leben. Die Augenblicke des Glücks kommen dann von ganz allein.

Ihr Rainer Haak

Wenn das Glück bei mir anklopft, will ich sofort meinen vollen Terminkalender vergessen.

1

Wie oft sehne ich mich nach dem Glück! Wie oft wünsche ich mir, glücklicher zu sein und den Augenblick intensiver zu leben! Und dann bietet sich mir tatsächlich die Möglichkeit: Ein kleines Kind mit einem Ball in der Hand will mit mir spielen. Ein ehemaliger Freund, der mich einmal sehr verletzt hat, will mich um Verzeihung bitten. Die Sonne bricht durch die Wolken und ich habe Lust auf einen Spaziergang am Wasser. Am Abend findet ein Konzert mit meinem Lieblingsmusiker statt.

Jetzt will ich mir nicht selbst im Weg stehen. Ich will mir nicht alles verbieten, nur weil ich noch eine Menge zu tun habe. Wofür arbeite ich denn so viel, wenn ich dann nicht auch die Möglichkeit habe, mein Leben zu genießen und das zu tun, was mir einen dieser kostbaren Glücksmomente schenken könnte?

Ich will mir nicht selbst im Weg stehen. Den Termin kann ich sicher verschieben.

Es gibt Dinge im Leben, die kann ich nicht mit Blick auf die Uhr erledigen.

2

Manchmal muss ich sehr genau auf die Uhr achten: Wenn ich mich nicht rechtzeitig auf den Weg mache, um für das Wochenende einzukaufen, stehe ich vor verschlossener Tür. Die Mittagspause muss ich pünktlich beenden. Den Antwortbrief muss ich bis 15 Uhr geschrieben haben, damit er noch rechtzeitig zur Post kommt. Und ein Beratungsgespräch soll nicht länger als eine Stunde dauern.

Für manche Dinge jedoch brauche ich alle Zeit der Welt: Wie froh bin ich, dass mein Sohn seine Probleme gerade jetzt mit mir besprechen will! Wie gut, dass ich endlich einmal Zeit habe, in Ruhe über alles nachzudenken! Wie sehr habe ich mich auf diesen romantischen Abend gefreut! Wie wichtig ist es mir, an deinem Krankenbett zu sitzen und deine Hand zu halten! Wie gut tut es mir, endlich einmal auszuspannen und Zeit für mich selbst zu haben! Und wie aufregend kann es sein, eine wichtige Entdeckung zu machen! Natürlich habe ich Zeit.

Wenn ich etwas Wichtiges möglichst schnell erreichen will, dann sollte ich mir Zeit lassen.

3

Manchmal werde ich hektisch. Ich muss unbedingt bis heute Nachmittag die wichtigen Unterlagen zusammenstellen und dem Kurier übergeben. Ich brauche dringend noch Informationen für das Gespräch morgen Abend. Ich bin dabei, die große Feier am Wochenende vorzubereiten, und weiß nicht, wie ich das alles schaffen soll. Ich will morgen in Urlaub fahren und habe noch nicht einmal mit dem Packen begonnen. Ich werde hektisch, weil die Zeit knapp wird. Doch mit Hektik werde ich mein Ziel nicht erreichen. Was tun? Ich nehme mir etwas von der verbliebenen Zeit und atme langsam mehrmals kräftig durch, bis ich zur Ruhe komme. Jetzt schaue ich mir meine Aufgabe an und teile sie in einzelne Schritte auf. Bald merke ich: Wenn ich diese Schritte nacheinander erledige, werde ich alles rechtzeitig schaffen. Und vielleicht bleibt zwischendurch sogar noch die Zeit, um einen schönen Spaziergang zu machen.

Wenn mir etwas wirklich wichtig ist, dann werde ich mir auch die Zeit dafür nehmen.

Ein Bekannter fragt mich, ob ich Lust habe, mit ihm am nächsten Tag eine Ausstellung zu besuchen. „Tut mir Leid, da habe ich leider keine Zeit!“, lautet meine kurze Antwort. Doch wenn ich ehrlich bin, tut es mir gar nicht Leid. Ich habe einfach keine Lust, mir diese langweilige Ausstellung anzuschauen. Und es stimmt auch nicht, dass ich keine Zeit habe. Denn Zeit hat schließlich jeder Mensch. Ich habe mir nur zu dieser Zeit etwas anderes vorgenommen. Und für die Ausstellung möchte ich den anderen Termin wirklich nicht verschieben.

4

Ich habe an jedem Tag 24 Stunden Zeit. Und über einen Teil dieser Zeit kann ich völlig frei verfügen. Ja, ich habe es schon manches Mal erlebt, dass ich meine Pläne umgeworfen habe, weil ich von einer anderen Sache so begeistert war. Es wäre ja traurig, wenn ich für das, was ich am liebsten tun würde, keine Zeit hätte.

Der Frühling kommt nicht früher, auch wenn ich noch so ungeduldig bin.

5 Auf vieles im Leben muss ich warten. Das habe ich bereits als Kind gelernt. Da erschien mir die Zeit bis zum nächsten Geburtstag oder bis Weihnachten manchmal endlos lang. Und die Zeit, bis ich als junger Erwachsener meinen Führerschein machen durfte, wollte und wollte nicht vergehen.

Heute bin ich manchmal froh, dass es Wartezeiten gibt. Ich kann mich in Ruhe auf eine Sache vorbereiten und darauf einstellen. Ich kann mein Tempo ein wenig drosseln. Ich mache die Erfahrung, dass ich auch vor dem ungeduldig erwarteten Ereignis glücklich sein kann. Ich versuche, die richtige Balance zwischen Besonderem und Alltäglichem finden, zwischen Festtagen und Alltagen.

Und ich merke, dass ich den Frühling dann besonders intensiv erlebe und mich an ihm erfreue, wenn der Winter länger als sonst dauerte. Ich kann den Urlaub besonders dann genießen, wenn ich vorher viel gearbeitet habe und lange auf die freien Tage warten musste.

Ich will akzeptieren, dass alles im Leben seine Zeit hat.

6

Alles hat seine Zeit. Der Frühling hat seine Zeit, der Sommer, der Herbst und der Winter. Arbeit und Anstrengung haben ihre Zeit, Urlaub und Muße haben ihre Zeit. Alleinsein hat seine Zeit und Gemeinschaft, Nähe und Distanz. Fröhlichkeit und Glück haben ihre Zeit, Trauer und Schmerz haben ihre Zeit. Festhalten und Sammeln haben ihre Zeit, Loslassen und Verteilen haben ihre Zeit. Licht hat seine Zeit und Dunkelheit, Gesundheit und Krankheit, Jugend und Alter.

Alles hat seine Zeit. Ich habe lange gebraucht, um das zu verstehen und zu akzeptieren. Ich habe lange versucht, dagegen anzukämpfen. Ich habe gedacht, das eine würde ohne das andere gehen. Doch ohne Dunkelheit gibt es kein Licht und ohne Schmerz kein Glück.

Alles hat seine Zeit. Und ich bin traurig froh, spüre die Liebe und den Schmerz und möchte mit keinem anderen Menschen tauschen.

Ich will nie wieder klagen, dass ich keine Zeit habe.

Ich höre die Klagen überall: Ich habe keine Zeit! Die Zeit vergeht wie im Fluge! Mir wird das alles zu viel! Ich weiß nicht, wie ich das noch schaffen soll! Ich komme gar nicht mehr zu mir selbst!

Mit solchen Klagen wird die Schuld bei den anderen gesucht nach dem Motto: Meine Mitmenschen stehlen mir die Zeit. Sie laden mir tausend Dinge auf. Sie halten mich davon ab, den Augenblick zu genießen und Zeit für mich zu haben.

Und wenn nicht die Mitmenschen Schuld haben, dann eben die Verhältnisse, die Konjunktur, die Konkurrenz, die Medien, die Politiker oder die rasende Entwicklung in fast allen Bereichen.

Die Klagen machen deutlich: Nicht ich entscheide über meine Zeit, sondern andere. Nicht ich will immer mehr, sondern die Umstände lassen mir keine andere Wahl.

Keine andere Wahl? Ich entscheide, wie ich meine Zeit verbringe. Ich stelle die Weichen. Und deshalb höre ich sofort auf, über fehlende Zeit zu klagen.

Wenn ich besonders viel zu tun habe, nehme ich mir zwischendurch ein paar Minuten „Urlaub“.

8

Heute habe ich so viel zu tun, dass ich die Mittagspause ausfallen lasse. Und auch heute Abend werde ich noch nicht fertig sein. Ich muss sicherlich bis spät in die Nacht arbeiten.“

Das Ergebnis? Ich bin gestresst, müde und unkonzentriert, mache Fehler – und kann zu allem Überfluss nicht schlafen, wenn ich dann endlich im Bett liege.

Irgendwann bin ich eben am Ende mit meinen Kräften. Meine Kreativität lässt nach, ich schaffe immer weniger in immer mehr Zeit. Ich bin urlaubsreif. Ich brauche die Insel.

Doch was tun, wenn der nächste Urlaub noch in weiter Ferne liegt? Dann mache ich sofort Urlaub, und zwar einen Miniurlaub: Ich gehe eine halbe Stunde an den Fluss. Ich mache ein paar Minuten Gymnastik. Ich lege mich kurz in die Sonne. Ich meditiere oder höre Musik oder hacke fünf Minuten lang Holz.

Vergeudete Zeit? Im Gegenteil! Plötzlich geht mir die Arbeit so leicht von der Hand wie im vergangenen Jahr die drei Wochen Mittelmeer.

Manchmal brauche ich nichts dringender als ein wenig Abstand.

Je mehr Sorgen ich mir mache, umso weniger bin ich in der Lage, einen klaren Gedanken zu fassen. Und wenn ich die Sorgen noch mit ins Bett nehme, bin ich am nächsten Morgen völlig zerschlagen.

Je länger ich mich ununterbrochen mit demselben Problem beschäftige, umso schwerer fällt es mir, eine Lösung zu finden. Je mehr ich mich über eine Sache ärgere, umso schwieriger ist es, einen klaren Gedanken zu fassen. Je länger ich für die wichtige Prüfung lerne, umso mehr dreht sich alles in meinem Kopf im Kreis.

Ich brauche Abstand. Ich brauche frischen Wind und einen neuen Blick. Ich brauche Abwechslung. Kann ich mir das denn leisten? Und ob! Denn plötzlich haben meine Sorgen gar nicht mehr solche Macht über mich. Meine Probleme erscheinen mir viel kleiner als vorher. Mein Ärger ist schon fast verflogen. Und mein Kopf ist wieder frei.

Ich entscheide selbst, wie ich meine Zeit einteile.

10

Mir wird immer deutlicher, wie wichtig es ist, überall im Leben die richtige Balance zu finden: Ich brauche das Tempo und die Langsamkeit. Ich brauche das Gaspedal und die Bremse. Ich brauche die Anstrengung und das Ausruhen. Ich brauche den Trubel und die Stille.

Doch diese Balance stellt sich nicht von allein ein. Nur ich selbst kann dafür sorgen. Darum finden sich in meinem Kalender nicht nur furchtbar wichtige Geschäftstermine, sondern auch eher ungewöhnliche Eintragungen: stille Zeit, Pause, Spaziergang, Teestunde oder einfach „Zeit für mich“.

Ich habe mich entschieden, mein Leben nicht nur nach den Anforderungen meiner Mitmenschen zu richten. Ich bin es, der die Schwerpunkte setzt. Ich bin es, der meine Zeit einteilt. Und ich bin es, der für das richtige Tempo sorgt und rechtzeitig auf die Bremse tritt.

IPG
BOAT HIRE
40
39
20

Glücklich sein kann ich nur, wenn ich auch einmal Nein sage.

11

Nicht nur meine Schränke und mein Keller sind voll mit unnötigen Dingen. Auch ich selbst schleppe Ballast mit mir herum, und der macht mir das Leben schwer: Ich trenne mich nicht von alten Freunden, obwohl sich die Freundschaften längst überholt haben. Ich lasse alte Verletzungen nicht heilen und drücke mich davor, meine Probleme zu lösen.

Vor allem lasse ich zu, dass andere über meine Zeit verfügen und bestimmen. Ich gehe Verpflichtungen ein, die mir nicht gut tun. Ich nehme Einladungen an und ärgere mich schon im nächsten Augenblick darüber. Ich leide, weil ich nicht Nein sagen kann.

Doch ich kann nur dann zufrieden sein, wenn ich selbst entscheide, was ich tue und was nicht. Darum werde ich das Neinsagen trainieren. Ich werde Nein sagen, wenn ich meine Zeit lieber anders verbringen will. Ich werde Nein sagen, wenn mich jemand unter Druck setzt. Und ich werde Nein sagen, wenn jemand versucht, mir die Zeit zu stehlen.

Glücklich sein kann ich nur, wenn ich auch einmal Ja sage.

12

Ich weiß, was ich nicht will, und deshalb ist es wichtig, öfter einmal Nein zu sagen. Ich weiß, was mich ärgert, und darüber kann ich mich lang und breit auslassen. Ich weiß, was mir nicht gefällt und woran ich nicht glaube, was mir Sorge bereitet, was mich einengt und was mir Angst macht. Und ich kritisiere und klage und bedaure mich selbst.

Aber weiß ich auch, was ich will? Weiß ich, wofür ich mich begeistern und einsetzen kann?

Weiß ich, was meinem Leben einen Sinn gibt? Weiß ich, welche Träume mir wichtig sind? Weiß ich, woran ich glaube?

Viel zu oft schiebe ich meine Entscheidungen auf. Statt mich „für“ etwas zu entscheiden, sammle ich lieber mühsam Punkte, die „dagegen“ sprechen. Und je seltener ich mich „für“ etwas entscheide, umso seltener erlebe ich, dass das Leben gelingt und wieder neu und spannend wird. Darum will ich nicht nur lernen, konsequent Nein zu sagen, sondern auch fröhlich und zuversichtlich Ja zu sagen.

Statt mehrere Dinge auf einmal, will ich immer nur eine Sache zur Zeit tun.

13

Es beginnt bei mir zu Hause: Statt in aller Ruhe ein Gespräch zu führen, schaue ich zwischendurch immer wieder einmal in die Tageszeitung. Oder die Hintergrundmusik drängt sich ständig in den Vordergrund. Und während des Gesprächs ärgere ich mich die ganze Zeit über das Fenster, das sich seit Monaten nicht mehr richtig schließen lässt.

Es setzt sich bei meiner Arbeit fort: Während ich mich auf das Seminar vorbereite, führe ich mehrere Telefongespräche und überlege mir, was ich nach Feierabend machen will. Und dann abends beim Essen höre ich nicht auf das, was die Kinder mir sagen, sondern bin in Gedanken bei dem Seminar. Ich tue vieles, und ich tue nichts ganz.

Aus diesem Dilemma gibt es nur einen Ausweg: Ich konzentriere mich immer auf eine Sache. Ich lasse mich ganz auf einen Menschen ein. Ich denke intensiv über die Lösung eines Problems nach. Und bald stelle ich fest, dass ich nicht weniger „schaffe“, sondern mehr.

Meine schönsten Pläne will ich nicht immer nur in die Zukunft schieben.

14

Irgendwann, so sage ich manchmal, irgendwann werde ich das tun, was ich schon lange tun wollte. Irgendwann werde ich meine Verwandten besuchen, Sport treiben oder Theater spielen. Irgendwann werde ich meine Schwester um Verzeihung bitten, bei der Weinlese helfen oder in die Berge fahren. Irgendwann werde ich malen, Gedichte schreiben oder im Chor mitsingen. Irgendwann werde ich mich selbstständig machen oder eine neue Sprache lernen.

Doch irgendwann ist niemals. Und so lebe ich weiter wie bisher, immer im selben Trott. Ich habe sogar stets eine passende Entschuldigung dafür, dass sich nichts ändern darf: Was würden denn die anderen sagen! Das schaffe ich sowieso nicht! Mir wird alles zu viel! Dafür habe ich keine Zeit! Das kann ich ja auch noch später machen.

Und so verrinnt die Zeit. Und mit jedem Jahr wird es schwieriger, die eingefahrenen Gleise zu verlassen. Ich werde es nie schaffen – oder jetzt!

Manchmal verbringe ich meine Zeit am sinnvollsten mit sinnlosen Dingen.

15

„Für so etwas habe ich keine Zeit“, höre ich mich manchmal etwas von oben herab sagen. Damit will ich wohl deutlich machen, dass ich mit besonders wichtigen Dingen beschäftigt bin. Ich muss meine Monatsabrechnung machen und das Fahrtenbuch auf den neusten Stand bringen. Ich muss im Garten Unkraut jäten, im Sportverein Protokoll führen und mich im Fernsehen über die aktuelle politische Entwicklung informieren. Und je mehr wichtige Dinge ich tun muss, umso wichtiger bin ich selbst.

Doch irgendwie habe ich den Eindruck, dass mein Leben leer bleibt. Vielleicht sollte ich häufiger unwichtige Dinge tun: Ich nehme mir Zeit, um mit den Nachbarskindern Verstecken zu spielen. Ich setze mich ins Gras und schaue zu, wie der Wind die Blätter bewegt. Ich hole meine alte Gitarre hervor und versuche, ein Lied zu spielen. Oder ich stehe am Morgen drei Stunden früher auf, damit ich einmal miterlebe, wie die Stadt zu neuem Leben erwacht.

Hotel du Palais de l'Isle
Les Corbières
Restaurant
H. du Palais de l'Isle

Ich bin bereit, für mein Glück auf vieles anderes zu verzichten.

16

Eigentlich hätte ich es schon immer wissen müssen, und doch dauerte es sehr lange, bis ich wirklich kapierte: Ich kann nicht alles haben, was ich begehre. Ich kann nicht alles erreichen, wovon ich träume. Ich kann nicht alles tun, was mich interessiert.

Es dauerte sehr lange. Viel zu lange wollte ich viel zu viel. Ich wollte dies haben, aber auch jenes. Ich wollte dies tun und zugleich etwas anderes. Ich wollte hier sein, aber auch dort. Ich wollte das Glück und den Reichtum und die Ehre und die Bequemlichkeit, wollte viel leisten und stets freie Zeit haben.

Heute weiß ich, dass ich mich entscheiden muss, immer und immer wieder. Das kann manchmal sehr wehtun. Denn eine Entscheidung für das eine ist zugleich eine Entscheidung gegen das andere. Doch ich will nicht auf das sehen, was ich aufgebe oder verliere, sondern darauf, was ich gewinne. Und das ist meistens sehr viel.

Was gibt es Größeres, als das zu tun, was mir wichtig ist?

Es gibt eine Frage, die sollte ich mir immer wieder stellen: Was ist mir wirklich wichtig? Wenn ich darauf eine Antwort weiß, habe ich einen guten Kompass für mein Leben. Dann bin ich geschützt gegen die vielen Versuchungen und Verlockungen, die mich von meinem Weg abbringen wollen.

Denn zu groß ist die Gefahr, das zu tun, was mir eigentlich gar nicht wichtig ist und was mir auf Dauer auch gar nicht gut tut: Nach einem Besuch bei Freunden entschließe ich mich, mir auch so eine teure Designerküche zu kaufen. Ich wechsle meinen Arbeitsplatz, nur weil mir jemand mehr Geld bietet. Ich sitze den ganzen Abend vor dem Fernsehapparat, nur weil es so bequem ist.

Wie gut ist es zu wissen, dass ich die neue Küche gar nicht brauche! Wie gut, dass mir rechtzeitig deutlich wurde, wie viel Freude mir der alte Arbeitsplatz macht. Und wie gut, dass ich genau weiß, was ich mit meinem freien Abend anfange!

Mein Ziel verpassen werde ich mit Sicherheit dann, wenn ich zu viel auf einmal will.

Um ein großes Ziel zu erreichen, brauche ich meine ganze Kraft und volle Konzentration. Ich brauche Zeit, Mut, Zuversicht und Begeisterung. Und wenn ich das alles gebe und investiere, stehen die Chancen äußerst gut, dass ich mein Ziel tatsächlich erreiche. Doch die Versuchungen und Verlockungen unterwegs sind groß. Und viele Menschen erliegen ihnen nach dem Motto: „Ich will alles, und zwar jetzt!" Je mehr Ziele ich ansteuere, umso weniger werde ich erreichen. Statt Konzentration erlebe ich Zerstreuung. Die erste Begeisterung lässt nach und schlägt um in Enttäuschung und Resignation. Der Mut verlässt mich nach den ersten Rückschlägen. Und für keines meiner Ziele habe ich genügend Zeit.

Aber habe ich nicht immer noch einige Eisen im Feuer? Nein, nicht im Feuer. Sie sind erkaltet, und ich schleppe sie nur noch mühsam mit mir herum.

Vor jeder wichtigen Entscheidung will ich mir die Zeit lassen, auf meine Seele zu hören.

Die meisten Entscheidungen wollen wohlüberlegt sein. Ich spreche mit Freunden und höre mir ihre Meinung an. Ich besorge mir so viele Informationen wie möglich, um mir meine Entscheidung zu erleichtern. Ich wäge genau die Vor- und Nachteile ab. Ich denke intensiv nach und frage mich, was ich wirklich will.

Was ich wirklich will? Da reicht es nicht aus, nur meinen Verstand zu fragen. Da sollten neben dem Kopf auch der Bauch und das Herz entscheiden. Da will ich auch meine Gefühle und meine tiefsten Impulse befragen.

Was ich wirklich will? Darüber weiß meine Seele mehr als mein Verstand. Sie kennt meine Träume und Hoffnungen. Sie weiß, was meinem Leben Sinn gibt. Sie weiß, wofür ich mich begeistern kann. Sie weiß, welche Aufgaben ich noch lösen und welche Prüfungen ich noch bestehen muss. Sie weiß, was mir gut tut.

Ich wünsche mir, dass ich an jedem Tag wenigstens einmal ein Lächeln verschenke.

Ich merke es bereits morgens beim Aufstehen: Ein Lächeln tut gut. Wenn ich im Badezimmer in den Spiegel schaue und lächle, spüre ich deutlich, wie sich meine Stimmung hebt. Ich fühle mich angenehm locker und freue mich auf den neuen Tag.

Die Zeit für ein Lächeln morgens muss sein. Sie ist gut investiert. Und noch am Nachmittag muss ich nur kurz die Augen schließen und sehe ein freundliches Gesicht. Ich trage das Lächeln durch den Tag.

Ein Lächeln für mich, das ist eine großartige Sache. Doch es gibt noch eine Steigerung: ein Lächeln für meine Mitmenschen. Das tut mir gut und ihnen: ein Lächeln morgens am Frühstückstisch. Ein Lächeln in der S-Bahn oder im Fahrstuhl. Ein Lächeln auf der Straße oder im Kaufhaus. Ein Lächeln am Gartenzaun oder an der Haustür. Ein Lächeln im Fitnesscenter oder in der Kirche. Ein Lächeln in der Warteschlange. So viel Zeit muss sein!

Manchmal ist es wichtig, über alles noch einmal in Ruhe zu sprechen.

21

Es ging wohl alles viel zu schnell. Da ich nur wenig Zeit hatte, machten wir mit einer befreundeten Familie kurz entschlossen ab, im Sommer gemeinsam in Urlaub zu fahren. Am nächsten Tag wollten sie nichts mehr davon wissen: „Wir haben doch nur allgemein darüber gesprochen, wie es wohl wäre, gemeinsam wegzufahren."

Im Büro sprachen wir kurz über die neuen Prospekte. „Machen sie schon mal die Entwürfe fertig!", sagte ich nebenbei. Als ich sie in der nächsten Woche auf den Tisch bekam, war ich entsetzt. „Ich meinte doch die Seminarprospekte und nicht die Verlagsprospekte!"

Abends traf ich kurz eine Freundin, die die wenigen Minuten nutzte, um mich bitter zu kritisieren. Nie hätte ich Zeit und nie hörte ich richtig zu! Das konnte ich nicht auf mir sitzen lassen: „Da müssen wir noch einmal in Ruhe drüber sprechen", sagte ich ihr beim Abschied.

Wenn ich den Sonnenuntergang miterleben will, muss ich mir Zeit nehmen.

Eben noch war es taghell. Jetzt stehe ich mit meinen Kindern am Flussufer, und wir blicken fasziniert in die Ferne. Die Sonne nähert sich dort wie ein roter Feuerball langsam dem Horizont. Wir erleben mit, wie sich die Welt um uns verändert. Plötzlich ist es fast dunkel. Am Horizont erinnert nur noch ein schwacher, rötlicher Lichtstreifen an die Sonne, die uns heute den ganzen Tag über begleitet hat.

Wir sind noch ganz beeindruckt von dem Schauspiel, das sich uns geboten hat. Noch lange sprechen wir über die Sonne und die Erde, das Licht und die Dunkelheit, die Wärme und die Kälte. Und erst, als wir zu frieren beginnen, machen wir uns erfüllt und schweigend auf den Heimweg.

Es gibt Dinge, für die brauchen wir Zeit. Dann können wir das Staunen lernen über das Leben und die Ewigkeit. Dann erfahren wir etwas über die Liebe und die Hoffnung – und über das Glück, ein Mensch zu sein.

Wer nur nach der Devise lebt: „Zeit ist Geld“, weiß nicht viel vom wirklichen Leben.

23

Es gibt Menschen, für die ist Geld der höchste und wichtigste Maßstab. Selbst die Beziehungen zu ihren Mitmenschen beurteilen sie danach, was sie ihnen einbringen. So ist es nur konsequent, dass sie ihre Zeit vor allem als eine Möglichkeit ansehen, ihr Vermögen zu vermehren. Sie leben nach dem Motto: Zeit ist Geld.

Zum Glück gibt es aber viele Menschen, die ihre Zeit höher einschätzen. Sie wissen, dass es Wichtigeres und Wertvolleres gibt als Geld und Reichtum. Sie wünschen sich Zeit zum Lieben und zum Träumen, Zeit zum Reden und zum Hören, Zeit zum Glauben und zum Hoffen.

Wenn ich am Ende meines Lebens danach gefragt werde, was ich mit meiner Zeit gemacht habe, wird mir das Wort „Geld“ hoffentlich erst zuletzt einfallen. Ich wünsche mir, dass ich dann eines sagen kann: „Ich habe meine Zeit genutzt, um zu leben.“

Ich will in Zukunft mehr als bisher auf meine Zeitdiebe achten.

Meine Zeit ist kostbar. Ich erhalte sie nur ein einziges Mal, dann ist sie unwiderruflich vorbei. Darum will ich gut mit ihr umgehen und sie so intensiv wie möglich nutzen.

Vor allem will ich darauf achten, dass ich mir nicht die Zeit stehlen lasse. Wenn ich etwas Wichtiges zu tun habe, lasse ich mich nicht durch Menschen stören, die nur eben mal von sämtlichen Wochenenderlebnissen erzählen wollen. Wenn ich Ruhe brauche, weil ich bete oder meditiere oder ein intensives Gespräch führe, stelle ich das Telefon ab oder den Anrufbeantworter ein.

Doch die meisten Zeitdiebe gehen nicht auf das Konto meiner Mitmenschen. Viel häufiger stehle ich mir selbst die Zeit. Ich plane schlecht und teile mir die Zeit nicht gut ein. Ich schweife mit meinen Gedanken ab. Ich tue mehrere Dinge zur gleichen Zeit. Ich halte keine Ordnung. Ich bin undiszipliniert. Ich schiebe auf.

Damit ist Schluss! Ich lasse mir meine Zeit nicht stehlen, weder von anderen noch von mir selbst.

Heute will ich etwas tun, was ich mir schon lange vorgenommen habe.

25

Wie oft habe ich den Versöhnungsbrief in Gedanken schon geschrieben! Doch leider habe ich ihn bisher nie zu Papier gebracht und abgeschickt.
Wie oft habe ich mir vorgenommen, die Staffelei aus dem Keller zu holen und wieder mit dem Malen zu beginnen! Doch leider habe ich mich immer noch nicht dazu durchringen können.
Wie oft habe ich in den vergangenen Monaten daran gedacht, meine Tante zu besuchen! Leider ist immer etwas „ganz Wichtiges“ dazwischen gekommen. Sie ist längst zu alt, um sich auf den Weg zu mir zu machen.
Wie oft wollte ich wieder einmal schwimmen gehen, ein Gedicht lesen, den Zirkus besuchen, den Fluss entlang bis zur Quelle wandern, ein Gebet sprechen, Tagebuch schreiben oder einen wunderschönen Blumenstrauß verschenken!
Ich muss ja nicht alles auf einmal tun. Ich will mit einer Sache beginnen, und zwar heute. Wirklich? Versprochen!

Für viele Menschen ist ein wenig Zeit der größte Luxus.

Ich habe in der Stadt zu tun und komme am kleinen Park vorbei. Mehrere junge und ältere Menschen sitzen dort auf den Bänken und genießen die wunderbare Frühlingssonne. Dort würde ich jetzt auch gern sitzen. Doch ich habe dringend etwas zu erledigen. So freue ich mich darauf, wenn ich zum nächsten Mal hier vorbeikomme. Das ist gesund!

Ich habe in der Stadt zu tun und komme am kleinen Park vorbei. Ich sehe die Menschen, die auf den Bänken in der Frühlingssonne sitzen. Ich bedaure es, dass ich nie die Zeit habe, im Park in der Sonne zu sitzen. Das ist ungesund!

Ich komme am kleinen Park vorbei und sehe die Menschen, die dort auf den Bänken sitzen und die Sonne genießen. Ich ärgere mich darüber, dass sie nichts Besseres zu tun haben, als hier völlig unproduktiv ihre Zeit zu vertrödeln. Das ist sehr ungesund!

Ich komme am kleinen Park vorbei und sehe nicht die Leute, die dort auf den Bänken sitzen und die Sonne genießen. Das ist krank!

Wer sich ständig Sorgen macht, geht äußerst verschwenderisch mit seiner Zeit um.

Wenn ich Probleme habe, gibt es verschiedene Wege, damit sinnvoll umzugehen. Was mir jedoch überhaupt nicht hilft, sind Sorgen. Denn da kreist mein Denken ständig um meine Probleme, ohne etwas zur Lösung beizutragen. Da male ich mir in den unterschiedlichsten Farben aus, was alles passieren könnte, und tue doch nichts, um das zu verhindern!

Sorgen sind sinnlose Zeitverschwendung. Sie hindern mich an einem gesunden Schlaf. Sie rauben mir die Kraft und die Frische, die notwendig sind, um meine Probleme zu bearbeiten und Herausforderungen anzunehmen.

Und wenn ich mir trotzdem weiterhin Sorgen mache? Dann ziehe ich mich für eine Stunde oder länger zurück. Ich male mir in aller Deutlichkeit aus, wie destruktiv meine Sorgen sind. Dann nehme ich mir ein Blatt Papier, skizziere mein Problem und entwickle einen Plan. Und diesen Plan zur Problemlösung werde ich konsequent in die Tat umsetzen. Ade, ihr Sorgen!

Wer immer nur den kürzesten Weg wählt, versäumt die schönsten Wegstrecken.

Es gibt auch die Möglichkeit, im falschen Augenblick Zeit zu sparen. Wenn ich mir morgens nur die Zeit nehme, einen Kaffee im Stehen zu trinken, werde ich mich wahrscheinlich den ganzen Tag über gehetzt fühlen. Wenn ich mir nicht genug Zeit für meine Kinder nehme, werde ich mich langsam von ihnen entfremden. Wenn ich Urlaub für Zeitverschwendung halte, wird mein Leben sehr einseitig sein, und ich sollte mir Gedanken über meine Gesundheit machen. Wenn ich mir im Betrieb nicht die Zeit nehme, mit den Kollegen auch einmal über private Dinge zu sprechen, werde ich dort bald isoliert sein. Wenn ich mir nicht die Zeit zum Nachdenken und Planen nehme, werde ich bald im Chaos versinken.

Ich erlebe es jedes Jahr im Urlaub neu: Wenn ich langsamer fahre oder zu Fuß gehe, sehe ich mehr von der Landschaft. Und wenn ich mir nicht zu viel vornehme, kann ich mich über wundervolle Tage und Erlebnisse freuen.

Ich muss nur ein wenig nachdenken, und schon fällt mir vieles ein, wofür ich dankbar sein kann.

Unzufriedenheit kommt von ganz allein. Ich selbst muss nichts dazu tun. Ich muss mich nicht anstrengen, um unzufrieden zu sein. Es reicht eine unfreundliche Antwort der Verkäuferin. Oder ein rücksichtsloser Autofahrer. Vielleicht ein Regenschauer oder ein geplatzter Vertrag, eine unglückliche Niederlage oder eine deutliche Preiserhöhung, eine leichte Krankheit oder eine böse Auseinandersetzung. Und wenn ich nicht aufpasse, bin ich irgendwann ein völlig unzufriedener Mensch.

Dankbarkeit dagegen stellt sich meistens nicht von allein ein. Ich bin nicht automatisch dankbar, wenn mir eine freundliche Verkäuferin oder ein rücksichtsvoller Autofahrer begegnet, wenn die Sonne scheint oder wenn ich gesund bin. Dankbare Menschen vergegenwärtigen sich regelmäßig, was ihnen alles an Gutem widerfahren ist. Für dankbare Menschen ist keine Wohltat selbstverständlich. Und wenn sie nachdenken, finden sie schnell einen Grund zur Dankbarkeit.

Die schönsten Stunden stehen meistens nicht in meinem Terminkalender.

Wie habe ich mich im vergangenen Jahr auf das Weihnachtsfest im großen Kreis der Familie gefreut! Ich habe es mir vorher bereits in den schönsten Farben ausgemalt. Doch dann wurde das Ganze eine große Enttäuschung. Es gab Streit und Sticheleien und viel Langeweile. Hatte ich zu viel erwartet?

Und auch die teure Urlaubsreise, auf die wir lange gespart und uns so sehr gefreut hatten, war ein einziger Reinfall.

Wenn ich auf mein bisheriges Leben zurückblicke, stelle ich erstaunt fest: Die schönsten Augenblicke entstanden meistens völlig unvorbereitet. Ich denke an die spontane Einladung zu einem einfachen Essen draußen im Garten. Wir saßen dort bis in die Nacht zusammen und waren fröhlich wie lange nicht mehr. Oder der Besuch der alten Kirche, als der Organist gerade für ein Konzert probte. Wir bekamen alle eine Gänsehaut. Oder der Abend, an dem wir beide noch einmal über alles sprachen und feststellten, wie groß unsere Liebe noch immer ist.

Ich will meine Trauer annehmen, weil ich anders nicht wieder gesund werden kann.

31

Viele Menschen versuchen, um ihre Trauer einen großen Bogen zu machen. Sie betäuben den Schmerz, ertränken ihn, sie stürzen sich in die Arbeit und lenken sich ab.

Was sie damit erreichen? Sie betrügen sich selbst. Sie glauben, sich damit etwas Gutes zu tun, dass sie ihre Trauer umgehen und vermeiden. Doch das Gegenteil ist der Fall. Ohne Trauer kann ich einen schmerzhaften Verlust nicht verarbeiten. Ohne Trauer kann ich nicht richtig Abschied nehmen. Ohne Trauer kann ich mich nicht wirklich neu ausrichten. Ohne Trauer kann ich nicht wieder gesund werden. Ohne Trauer wird immer ein Schatten über meinem Glück und meiner Freude liegen. Deshalb bin ich bereit, die Arbeit zu leisten, die die Trauer mit sich bringt. Ich bin bereit, schwach zu sein und ängstlich. Ich bin bereit, die Einsamkeit auszuhalten, den Schmerz und die Sehnsucht. Ich bin bereit, der Trauer die Zeit zu geben, die sie braucht.

Gute Vorsätze kann ich schnell fassen, aber nur schwer in die Tat umsetzen.

In Zukunft werde ich mir wieder mehr Zeit für meine Familie nehmen." So ein Versprechen ist schnell dahergesagt. Es kostet nichts und gibt mir ein gutes Gefühl. „Ich könnte sofort mit dem Rauchen aufhören. Irgendwann werde ich es tun." – „Ich werde nicht mehr alles so schwarz sehen. In Zukunft werde ich positiver denken." – „Ich werde weniger essen und disziplinierter leben."

Einmal sagen ist wirklich leicht. Immer tun dagegen äußerst schwer. Dafür muss ich lange Zeit bereit sein, gegen meine Angewohnheiten anzugehen. Ich muss manche verlockenden, inneren Stimmen zurückweisen. Ich muss mir deutlich machen, dass ich viel für mein Leben gewinne, wenn ich durchhalte.

Jede Veränderung tut weh. Jeder Mensch wehrt sich innerlich dagegen und will lieber so weiterleben wie bisher. Jede Veränderung kostet Zeit und Kraft. Doch nur durch Veränderung bleibe ich lebendig.

Manchmal sitze ich nur da und höre zu, was mir das Leben zu sagen hat.

33

Einfach nur dasitzen, unten am Fluss oder vor der alten Berghütte, im Straßencafé oder draußen auf einer Waldlichtung, einfach nur dasitzen, lauschen, fühlen, warten, schauen, hören. Einfach nur dasitzen, die Sonnenstrahlen aufnehmen oder den Regen auf der Haut spüren, die Kälte aushalten oder die Wärme genießen, den Wind fühlen, das Rauschen hören, den Wandel erleben und die Wiederkehr, das Werden und Vergehen, das Einatmen und Ausatmen.

Einfach nur dasitzen und der Welt um mich herum ganz nah sein. Ich muss nichts lernen und nichts verstehen. Ich muss nicht eingreifen, nichts verändern oder verbessern. Und wenn ich mir Zeit lasse, spüre ich, wie das Leben mir unendlich nah ist. Meine Sorgen sind plötzlich weit weg. Meine Ängste sind verschwunden. Meine Traurigkeit ist fortgeweht. Mir ist, als würde das Leben mir magische Worte zuflüstern.

Wenn mir alles zu viel wird, ziehe ich mich zurück – und tue gar nichts.

Manchmal spüre ich, dass ich dringend eine Pause brauche: Seit Stunden brüte ich über einer schwierigen Aufgabe. Die Anforderungen stürmen von allen Seiten auf mich ein. Ich habe den ganzen Keller aufgeräumt, oder ich bin fix und fertig vom Prüfungsstress. Ich versuche verzweifelt, ein Problem zu lösen, oder stecke mitten in den Vorbereitungen auf einen runden Geburtstag.

Dann ziehe ich mich für ein paar Minuten zurück und tue gar nichts. Ich höre keine Musik und mache keine Entspannungsübungen. Ich denke nicht über den Stress und meine Arbeit nach und sehne nicht in meiner Phantasie den nächsten Urlaub herbei. Ich hole mir keinen Kaffee und stelle nicht das Radio an.

Das tut gut. Ich spüre, dass ich nicht immer funktionieren muss. Ich muss nicht ständig etwas leisten, an mir arbeiten oder etwas für meine Gesundheit tun. Ich darf sein, ohne etwas zu tun. Ist das gar nichts?

Manchmal mache ich mich auf, betrachte die Welt um mich herum und staune.

35

Es gibt ein Staunen, das oberflächlich bleibt. Das gilt zum Beispiel, wenn ich die großartige Landschaft nur im Fernsehen oder aus dem Auto heraus betrachte. Das gilt, wenn ich mir zu wenig Zeit oder mich von anderen Dingen ablenken lasse. Oberflächliches Staunen kann mir Kommentare entlocken wie „Großartig!“ oder „Einmalig!“, doch es dringt nicht wirklich zu mir durch und wühlt mich nicht auf.

Wirkliches Staunen kann ich erst erfahren, wenn ich auch innerlich angekommen bin, dort am Meeresufer, auf dem Berg, bei dem kleinen Käfer, bei der zarten Blüte. Wirkliches Staunen wühlt mich zutiefst auf und lässt mich zuerst einmal völlig verstummen. Ein Gefühl durchströmt mich, das in diesem Augenblick alles andere in den Schatten stellt.

Wirkliches Staunen verändert mich. Es schenkt mir eine innige Verbindung zu dieser Erde und eine Sehnsucht nach dem Himmel. Und plötzlich spüre ich, dass mein Herz Flügel hat.

Ich will akzeptieren, dass ich nicht für alles verantwortlich bin.

Manche Menschen haben deshalb keine Zeit, weil sie sich für alles verantwortlich fühlen. In der Firma kümmern sie sich um das meiste selber, weil sie glauben, es besser zu können als die anderen. Zu Hause vermitteln sie den Eindruck, dass ohne sie dort nichts klappen würde. Sie nehmen ihren Kindern alle Unannehmlichkeiten ab. Sie setzen sich überall für die Schwächeren ein, für ihre moralische Überzeugung, für das Gemeinwohl, für den Sportverein. Sie sind darin unermüdlich, Verantwortung wahrzunehmen.

Doch damit handeln sie längst nicht verantwortlich. Sie haben für nichts wirklich Zeit und lassen ihre Mitmenschen nicht groß werden. Sie wollen etwas für andere tun und drängen sie damit aus der Verantwortung hinaus.

Ich will akzeptieren, dass meine Zeit und meine Kräfte begrenzt sind. Ich will akzeptieren, dass das Wohl meiner Mitmenschen nicht von mir allein abhängt. Und ich will mich nicht für alles verantwortlich fühlen.

Auch heute gibt es viele Möglichkeiten, mir und anderen den Tag zu verschönern.

Wird das heute ein schöner, angenehmer Tag oder nicht? Werde ich mich über irgendetwas freuen können? Wird es etwas zum Lachen geben?
Wenn ich so frage, dann erwarte ich, dass der Tag mir eine Antwort geben wird. Ich warte ab, ob es regnet oder nicht. Ich warte ab, ob ich etwas Lustiges erlebe. Ich warte ab, ob mich eine positive Überraschung erfreuen wird.
Ich warte ab, statt selber etwas zu tun. Ich warte ab, statt selber etwas dazu beizutragen, dass es ein schöner, angenehmer Tag wird. Ich warte ab und bleibe passiv.
Da will ich doch lieber selber etwas dazu beitragen, dass ich morgen gern an diesen Tag zurückdenke. Ich will selber etwas dafür tun, mir und anderen diesen Tag zu verschönern. Ich will selber eine gute Stimmung verbreiten, statt zu warten, dass andere es tun. Ich will selber lächeln und für eine positive Überraschung sorgen. Mal sehen, was mir heute einfällt!

Ich will nichts nur deshalb tun, weil ich es immer so getan habe.

Den Spruch habe ich schon oft gehört: „Das haben wir hier immer so gemacht!“ Ich habe ihn an meinem Arbeitsplatz gehört, auf der Behörde, in unserem Verein, in der Nachbarschaft und in meiner Verwandtschaft. Und sicher habe ich ihn auch schon selber benutzt, um mich gegen irgendwelche Veränderungen zu wehren.

Was wäre das für ein langweiliges Leben, wenn sich nichts verändern würde! Das wäre so, als würde die Zeit stehen bleiben. Ich würde nichts aus meinen Fehlern lernen. Ich würde mich nicht weiterentwickeln. Ich würde nichts Neues ausprobieren. Ich würde kein Wagnis eingehen.

Ich will mir die Zeit nehmen und mich fragen, was ich in meinem Leben verändern, was ich vielleicht einmal ganz anders versuchen will. Ich will mich fragen, wo ich einseitig oder festgefahren bin. Und ich will herausfinden, wo ich mich gegen das Glück sperre.

Wenn ich jemandem etwas Schönes schenken will, dann bringe ich Zeit mit.

Viele Menschen leiden ihr Leben lang darunter, dass ihre Eltern früher keine Zeit hatten. Deshalb fragen sich heute auch mancher besorgte Vater und manche fürsorgliche Mutter, wie viel Zeit sie sich für ihre Kinder nehmen sollten. Die Antwort wird jeder für sich selbst finden müssen. Doch eins scheint eindeutig zu sein: Die Qualität der Zeit ist wichtiger als die Menge der Zeit. Ich kenne Eltern, die relativ wenig Zeit für ihre Kinder haben, aber diese umso intensiver mit ihnen verbringen.

Auch meine Zeit ist begrenzt. Doch ich tue mir nichts Gutes, wenn ich sie nur für mich behalte. Und ich tue auch meinen Mitmenschen nichts Gutes, wenn ich ihnen ein Geschenk, aber keine Zeit mitbringe.

Deshalb verschenke ich gern etwas Zeit. Zeit verschenken ist das Gegenteil von Zeit verschwenden. Und verschenkte Zeit besteht nicht aus Langeweile und leeren Worten, sondern aus Ermutigung, Zuhören, Verstehen. Verschenkte Zeit bedeutet: Ich bin dem anderen wirklich nahe.

Ich will dafür sorgen, dass jedes Essen ein kleines Fest ist.

An jedem Tag verbringe ich relativ viel Zeit mit Essen. Doch es wäre schade um die Zeit, wenn ich sie nur zur Nahrungsaufnahme nutzen würde.

Vor jeder Mahlzeit denke ich kurz daran, wie wenig selbstverständlich es ist, dass ich mich satt essen kann. Ich bin dankbar dafür, dass es mir so gut geht, und sehe mein Essen als herrlichen Luxus an, auch wenn es nur ein einfaches Mahl ist.

Ich achte darauf, dass ich schon vor dem ersten Bissen zur Ruhe komme und ganz entspannt bin. Auf keinen Fall will ich mein Essen schnell zwischen zwei Terminen herunterschlingen. Ich sorge, soweit wie möglich, für eine angenehme Atmosphäre und einen schön gedeckten Tisch. Und dann versuche ich, mein Essen bewusst zu genießen.

Besonders schön ist es, den Genuss und die Zeit zu Tisch mit anderen zu teilen, mit der Familie, mit Freunden oder Kollegen. Oft ist das Essen für mich dann wie ein kleines Fest.

DRUCKER'S

Manchmal frage ich mich, warum die Zeit so schnell vergeht.

Vielleicht frage ich mich an meinem Geburtstag ein wenig ungläubig: „Ist tatsächlich schon wieder ein Jahr vergangen?" Dann lohnt es sich, auf dieses Jahr noch einmal zurückzublicken:
Habe ich selber gelebt oder habe ich mich leben lassen, von den täglichen Anforderungen, von meinen Mitmenschen, von meinen Problemen? War es ein kurzes, leeres Jahr?
Oder kann ich auf ein ausgefülltes Jahr zurückblicken? Habe ich intensiv gelebt? Dann habe ich die Herausforderungen des Lebens angenommen. Ich habe Veränderungen zugelassen und gesucht. Ich habe Nähe gegeben und Nähe erfahren. Ich habe in meinem Leben einen Sinn gesehen.
Die Zeit ist unerbittlich. Sie vergeht, ohne dass ich mich dagegen wehren kann. Und es ist meine eigene Lebenszeit, die da vergeht. Wenn ich die Zeit schon nicht festhalten kann, so kann ich doch dafür sorgen, dass sie nicht leer bleibt. Welche Voraussetzungen für ein intensives Leben ich brauche? Offenheit, Beweglichkeit, Mut und Liebe.

Ich will jeden Tag als kostbares, einzigartiges Geschenk betrachten.

Heute erwartet mich ein neuer Tag. Vielleicht wird es kein guter Tag. Aber das liegt vor allem an mir selbst. Es beginnt schon damit, wie ich aufstehe. Quäle ich mich mühsam aus dem Bett und stelle mir vor, welche Probleme und Schwierigkeiten mich heute erwarten werden? Ist dies einer von 212 Arbeitstagen, die ich noch irgendwie hinter mich bringen muss, bevor mein Jahresurlaub beginnt? Und es endet damit, dass ich abends froh bin, mein Pensum geleistet und den Tag hinter mich gebracht zu haben?
Oder mich erwartet ein ganz besonderer Tag. Ich bin mir bewusst, dass er ein einzigartiges Geschenk an mich ist. Ich freue mich darauf, diesen Tag zu leben, und bin gespannt, was mich erwartet. Ich freue mich auf die Menschen, denen ich begegne, und die Möglichkeiten, die ich verwirklichen darf. Und am Abend gebe ich dieses besondere Geschenk dankbar zurück und freue mich auf den nächsten Tag, der genauso einzigartig sein wird wie der heutige.

Manchmal halte ich an, wenn mir alles zu schnell geht, und denke zurück an einen glücklichen Moment.

Ich muss mich nicht damit abfinden, wenn mir alles zu schnell geht. Ich muss mich nicht von jedem Tempo mitreißen lassen. Ich muss mich nicht dauernd selbst überfordern.

Es gibt verschiedene Möglichkeiten, zur Ruhe zu kommen, wenn alles in mir oder um mich herum verrückt spielt. Es gibt verschiedene Wege und Techniken, wie ich wieder zu mir selbst kommen und mein eigenes Tempo finden kann.

Ich denke zwischendurch gern einmal zurück an einen besonders glücklichen Augenblick meines Lebens. So ein Glücksmoment zieht meine Gedanken wie magisch an. Schon bald bin ich in einer völlig anderen Welt. Innerlich und vielleicht auch äußerlich beginne ich zu lächeln. Was eben noch so sehr an mir zerrte und mich mitzureißen drohte, ist plötzlich ganz weit weg.

Nach wenigen Minuten kehre ich zurück in meinen Alltag, ruhig, konzentriert und erfrischt. Ich bin dankbar und glücklich und fühle mich sehr lebendig. Glücksmomente können ein innerer Schatz sein.

Heute frage ich mich, was ich mit einem unerwarteten, geschenkten Tag tun würde.

„Stell dir vor, dir würde ein zusätzlicher Tag geschenkt. Was würdest du damit machen?“ Als ich diese Frage zum ersten Mal hörte, musste ich lange nachdenken. Ein zusätzlicher Tag? Vielleicht würde ich etwas tun, was ich schon lange hinausgeschoben habe. Vielleicht würde ich einen Dank- und Festtag einlegen. Vielleicht würde ich spielen, lachen und tanzen. Oder ich würde einem bestimmten Menschen eine Freude bereiten. Vielleicht würde ich in eine Berghütte gehen, über mein Leben nachdenken und Bilanz ziehen. Oder ich würde diesen Tag mit dem Menschen verbringen, den ich mehr als alles andere liebe.

Auf jeden Fall würde ich den Tag nicht nutzen, um das Haus sauber zu machen oder den Schreibtisch aufzuräumen. Ich würde nicht die Unterlagen für das Finanzamt zusammenstellen oder meine Bankgeschäfte erledigen. Ein zusätzlicher Tag würde zeigen, was mir wichtig ist im Leben.

Manchmal tue ich etwas, das aus dem Rahmen fällt, um aus meinem Alltagstrott auszubrechen.

Routine und Alltagstrott sind deshalb so gefährlich, weil sie sich nicht ankündigen, sondern in mein Leben einschleichen, ohne dass ich es merke. Unmerklich entziehen sie mir meine Lockerheit und Lebensfreude. Sie drücken mich nieder und ersticken jede Begeisterung. Und es dauert lange, bis ich erkenne, was da mit mir passiert ist.

Dann ist es höchste Zeit, aus dem Trott auszubrechen. Denn schließlich will ich, dass mein Leben spannend und lebendig bleibt: Ich schreibe einen Liebesbrief und klemme ihn hinter den Spiegel. Ich verstecke mich morgens um fünf Uhr im Schilf, um den Flug der Seeadler zu beobachten. Ich feiere in der alten Scheune ein Fest. Ich entscheide mich spontan, am Wochenende zu verreisen. Ich tanze auf der Terrasse Walzer. Ich verkleide mich und schlüpfe für einige Stunden in eine andere Rolle. Ich überrede einen Bekannten, mich auf eine Motorradfahrt mitzunehmen. Oder ich bleibe einen ganzen Tag im Bett.

Manchmal brauche ich das Gefühl, ich würde alle Zeit der Welt haben.

Kein Mensch hält es auf Dauer aus, immer nur von einem Termin zum anderen zu hetzen. Kein Mensch kann ausgeglichen sein ohne Ruhe und Stille. Kein Mensch kann glücklich sein, wenn er dafür keine Zeit hat.

Wenn ich einen lieben Menschen verloren habe und nicht die Zeit zum Trauern finde, wird mein Leben bald aus dem Gleichgewicht geraten. Wenn ich mir nicht genügend Zeit nehme, um meine Probleme rechtzeitig zu erkennen und zu lösen, werde ich eines Tages in eine Sackgasse geraten.

Ab und zu brauche ich das Gefühl, ganz viel Zeit zu haben. Nur so kann ich mich begeistert in meine Arbeit vertiefen. Nur so kann ich meiner Phantasie und Kreativität freien Lauf lassen. Nur so kann ich mich auf ein intensives Gespräch einlassen oder mich auf eine große Wanderung begeben.

Vielleicht brauche ich manchmal den Zeitdruck, um mich selbst zu übertreffen. Aber viel mehr brauche ich Zeit, um mich selbst zu finden und mit dem Leben Freundschaft zu schließen.

Ich möchte so gerne wieder lernen, gar nichts zu tun.

Wer viel leistet, muss sein Leben gut organisieren. Er muss regelmäßig planen und jeden Tag sinnvoll einteilen. Und wenn er an seine Gesundheit und seine Familie denkt, wird er auch genügend Freizeit einplanen. Doch wirklich frei ist auch die nicht. Da ist der Termin im Fitnesscenter, der Elternabend in der Schule, der Großeinkauf am Wochenende und vieles mehr.

Jeder Mensch braucht auch einmal Zeit, in der er nichts Produktives tut. Zeit, in der er am Kamin sitzt und ins Feuer schaut. Zeit für einen Spaziergang, der nicht in sportliche Betätigung ausartet. Zeit zum Träumen.

Es gibt manche, die sich diese Zeit nicht nehmen. Das wäre in ihren Augen nur Zeitverschwendung. Wenn sie freie Zeit hätten, würden sie wenigstens den Wirtschaftsteil der Zeitung studieren.

Ich möchte wieder lernen, gar nichts zu tun. Ich möchte wieder ohne schlechtes Gewissen in den Tag hinein leben können. Nicht täglich, aber wenigstens ab und zu einmal.

Ich frage mich, wo ich meinem Glück selber im Weg stehe.

Irgendwann wurde mir deutlich, dass ich für mein Glück selber verantwortlich bin. Ich hörte damit auf, den Schwarzen Peter ständig anderen zuzuschieben, dem Chef oder der Nachbarin, der Schwiegermutter oder der Politik, dem Wetter oder der schlechten Konjunktur. Ich selbst muss immer wieder die Voraussetzungen dafür schaffen, dass ich glücklich bin.

Und trotzdem ist das Glück in meinem Leben immer noch ein viel zu seltener Gast. Deshalb frage ich mich, wo ich selbst es bin, der meinem Glück im Weg steht: Vielleicht glaube ich, dass ich dem Glück ja doch immer nur hinterherlaufe. Vielleicht gestatte ich es mir nicht, glücklich zu sein, weil ich insgeheim meine, es nicht verdient zu haben. Vielleicht habe ich Angst, dass sich etwas in meinem Leben ändern könnte.

Ich will herausfinden, wo ich mir selbst den Weg zum Glück unnötig schwer mache. Und wenn ich das Hindernis gefunden habe, will ich es beiseite räumen und konsequent meinen Weg gehen.

Manchmal nehme ich mir die Zeit und ziehe Bilanz.

Wer ein Geschäft führt oder ein Unternehmen leitet, macht regelmäßig Inventur und zieht Bilanz. Er verschafft sich einen aktuellen Überblick über seine Finanzen und analysiert die wirtschaftliche Entwicklung seines Betriebs. Im schlimmsten Fall stellt er dabei fest, dass er zahlungsunfähig ist. Er findet heraus, wo die Schwachstellen liegen und in welchen Bereichen des Unternehmens Veränderungen dringend nötig sind. Oder er entscheidet sich, eine bestimmte Abteilung noch besser zu fördern, weil sie hohe Zuwachsraten aufweist und äußerst profitabel arbeitet.

Auch in meinem Leben mache ich regelmäßig Inventur und ziehe Bilanz. Ich finde heraus, welche Bereiche sich negativ entwickelt haben: Wie steht es mit meiner körperlichen Verfassung? Wie ist das Verhältnis zu meiner Familie? Pflege ich meine Freundschaften? Mache ich meine Arbeit mit Freude und Begeisterung? Erkenne und löse ich meine Probleme? Sehe ich in meinem Leben einen Sinn?

Ich will mich nicht mehr ärgern, wenn ich irgendwo ein paar Minuten warten muss.

Natürlich bin ich nicht begeistert, wenn die Bahn Verspätung hat und ich eine halbe Stunde warten muss. Ein bisschen ungeduldig bin ich schon, wenn der angekündigte Besucher zehn Minuten nach der abgemachten Zeit immer noch nicht da ist. Und gut finde ich es auch nicht, wenn ich rechtzeitig beim Arzt bin, das Wartezimmer aber noch voll ist.

Niemand wartet gern. Doch es hat keinen Sinn, mich wegen einiger Minuten Wartezeit zu ärgern. Zu viel Ärger macht krank. Und deshalb treffe ich mit meinem Ärger nicht zuerst die Bahn, den Besucher oder den Arzt, sondern mich selbst.

So versuche ich, die Wartezeit positiv zu betrachten. Ich nutze die Zeit, um einen interessanten Zeitungsartikel zu lesen, mich zu entspannen, die Menschen um mich herum zu beobachten oder mich noch einmal auf das Gespräch vorzubereiten. Und ich stelle fest, dass ein wenig Geduld mir sehr gut bekommt.

Ich bin davon überzeugt, dass alles Große in der Stille beginnt.

51

Ich liebe es, wenn ich viel zu tun habe, wenn um mich herum eine Menge passiert, wenn ich unterwegs bin und interessante Gespräche führe. Ich mag es, wenn ich Entscheidungen treffen kann und sich Erfolge zeigen. Ich bin dankbar, wenn ich meine Pläne mit kompetenten Menschen besprechen kann und wenn ich über die neusten Entwicklungen in meinem Interessengebiet informiert werde. Ich mag mich gern in einer kreativen Atmosphäre von begeisterten Menschen anstecken lassen und habe dabei manch interessante Anregung mitnehmen dürfen.

Gute Ideen sind wichtig. Doch damit eine Idee in die Tat umgesetzt werden kann und etwas Großes daraus erwächst, muss sie erst wachsen und reifen. Und das ist nicht in einer hektischen Atmosphäre möglich, sondern nur in der Stille. Dort kann ich meine Idee kritisch überprüfen und weiterentwickeln. Ich frage mich, ob ich bereit bin, mich ganz dafür einzusetzen. Und dann, vielleicht, kann aus einer kleinen Idee etwas ganz Großes werden.

Die wichtigsten Augenblicke in meinem Leben will ich nicht versäumen.

Ich glaube, dass es im Leben jedes Menschen zahllose Möglichkeiten gibt, etwas Besonderes zu tun, zu erfahren oder zu erleben. Es kommt nur darauf an, diese Möglichkeiten und Chancen im richtigen Augenblick zu erkennen und zu verwirklichen. 52

Wer weiß, wie oft habe ich schon eine zündende Idee verworfen, weil ich nicht in der richtigen Stimmung war? Wer weiß, wie oft ich eine wichtige Begegnung versäumt habe, weil ich so von meinen Sorgen gefangen war, dass ich um mich herum nichts mitbekam? Wer weiß, wie oft ich am kleinen Glück vorbeigegangen bin, weil ich nur nach dem großen Glück Ausschau gehalten habe? Wer weiß, wie oft ich eine Herausforderung nicht angenommen habe, weil ich zu müde oder zu bequem war?

Ich wünsche mir, dass ich mich auf die Suche mache nach solchen guten Möglichkeiten. Ich wünsche mir, dass ich mich für die wichtigen, besonderen Augenblicke öffne. Ich wünsche mir, dass ich hellwach bin für das Leben.

Es ist gut, dass ich mich in den Garten setzen kann, ohne an das Unkraut zu denken.

53

Ich brauche Zeiten, in denen ich mich völlig auf meine Arbeit konzentriere und an nichts anderes denke. Aber ich brauche ebenfalls Zeiten, in denen ich mich ausruhe und fröhlich faulenze. Was ich dagegen gar nicht brauche, ist, dass ich während der Arbeit ständig an den Feierabend oder meinen nächsten Urlaub denke und dass ich in meiner Freizeit noch in Gedanken bei meiner Arbeit bin.

Es ist wichtig, dass ich mir regelmäßig Zeit nehme für meine Familie, aber auch, dass ich meine Rechnungen bezahle, eine vernünftige Finanzplanung mache und meine Geldprobleme in den Griff bekomme. Aber auf keinen Fall will ich beides miteinander vermischen und beim Spielen mit den Kindern ständig an meine Finanzen denke.

Ich will lernen, mich jeweils auf eine Sache zu konzentrieren. Damit kann ich schon heute beginnen, auch bei Kleinigkeiten: Jetzt tue ich dies, mit Leib und Seele, und dann jenes. Unordnung und Unkonzentration ist Zeitverschwendung.

Oft will meine Seele etwas völlig anderes tun als mein Verstand.

Vor einigen Jahren habe ich es mit meiner Arbeit gehörig übertrieben. Jeden Abend saß ich bis in die Nacht am Schreibtisch, weil so viel zu erledigen war. Eine Zeit lang funktionierte das. Doch irgendwann spürte ich, dass mir alles zu viel wurde. Ich war häufig unkonzentriert und niedergeschlagen. Aber ich änderte nichts an meinem Arbeitsstil. Bis ich krank wurde. Da sagte mir mein Arzt: „So geht das nicht weiter!"

Meine Seele hatte schon lange versucht, mir das zu sagen. Sie hatte mir Träume geschickt, um mir zu zeigen, dass ich einige der schönsten und wichtigsten Dinge im Leben versäume. Sie schickte mir eine innere Unruhe, die ich einfach ignorierte, und das Gefühl tiefer Niedergeschlagenheit, das ich mit Tabletten bekämpfte. Und schließlich schickte sie mir eine Krankheit in der Hoffnung, dass ich endlich auf sie höre.

Ich danke meiner Seele, dass sie mich immer wieder an das Leben erinnert. Auch wenn ihre Mittel manchmal recht drastisch sind!

Ich sollte öfter einmal Dinge tun, für die ich keine Zeit habe.

Dafür habe ich keine Zeit!" Dieser Satz ist schnell gesagt. Und oft habe ich auch einen guten Grund für diese Aussage. Schließlich kann ich nicht alle Angebote annehmen und überall dabei sein: Ich kann meine Zeit besser verwenden als für einen Abend auf dem Sofa mit einem langweiligen Fernsehfilm. Ich brauche nicht schon wieder eine dieser fruchtlosen, abstrakten Diskussionen, über die ich mich noch lange hinterher ärgere. Ich muss meine Zeit nicht mit Computerspielen oder ständigen Einkaufsbummeln totschlagen. „Dafür habe ich keine Zeit!" Manchmal enge ich mein Leben durch diesen Satz aber auch unnötig ein und verbiete mir, neue Welten kennen zu lernen. Manchmal benutze ich ihn nur als Ausrede, um nicht aus meinem täglichen Trott herauskommen zu müssen. Manchmal bringe ich mich selbst um eine unvergessliche Wanderung mit den Kindern, um ein wegweisendes Gespräch, einen interessanten Musikabend oder ein romantisches Wochenende.

Ich will darauf achten, dass ich im Auf und Ab des Lebens den richtigen Ausgleich finde.

Ich will akzeptieren, dass alles im Leben seine Zeit hat. Ich sage Ja auch zu Schmerz und dunklen Stunden, zu Krankheit und Enttäuschung. Ich bin bereit, dem Rhythmus der Tages- und Jahreszeiten zu folgen, aber auch dem Rhythmus meines Körpers. Und wenn der Winter viel zu lange dauert, freue ich mich schon im Voraus auf den Frühling. Wenn es besonders schwer ist, hoffe ich auf bessere Zeiten.

Doch es gibt Situationen, da reichen Hoffen und Warten nicht aus, wenn ich im Gleichgewicht bleiben will. Wenn die Arbeit immer mehr Raum in meinem Leben einnimmt, ist es an der Zeit, kräftig gegenzusteuern. Wenn ich lange allein war, ist es wichtig, wieder Gemeinschaft zu erfahren. Wenn ich in den Tiefen des Lebens zu versinken drohe, ist es höchste Zeit, Hilfe zu suchen.

Und wenn ich nicht merke, dass ich aus der Balance gerate? Dann bin ich nicht ehrlich zu mir selbst, sondern mache mir etwas vor. Und dann muss ich erst einmal auf die Nase fallen!

Ich will endlich die Entscheidung treffen, glücklich zu sein.

Wenn ich einem Menschen begegne, der mit seinem Leben unzufrieden ist, frage ich ihn gern, ob er denn glücklich sein will. Dann höre ich fast immer die gleiche Antwort: „Natürlich will ich glücklich sein! Das ist doch gar keine Frage!"

Ich bin da nicht so sicher. Warum? Es geht hier um eine Entscheidung. Und bei einer Entscheidung sage ich Ja zu einem Weg und Nein zu einem anderen Weg, Ja zu einer Sache und Nein zu einer anderen. Ich kann nicht Ja zu diesem Lebenspartner sagen und Ja zu jenem, Ja zum Urlaub und zur gleichen Zeit Ja zur Arbeit, Ja zum Glücklichsein und Ja zum Unglücklichsein.

Die meisten unglücklichen Menschen hängen an ihrem Unglück, leider! Da wissen sie, was sie haben. Daran haben sie sich gewöhnt. Dafür werden sie geschont und bemitleidet. Wenn sie sich wirklich für ihr Glück entscheiden würden, müsste sich vieles in ihrem Leben ändern. Sie müssten Konsequenzen ziehen, die wehtun. Und wer will das schon?

Ich höre auf, andere oder die Umstände für mein Glück verantwortlich zu machen.

Warum ich so unglücklich bin? Meine Frau ist furchtbar eifersüchtig. Mein Mann denkt nur an seinen Beruf. Mein Rücken macht mir zu schaffen. Meine Nachbarn sind so rücksichtslos. Meine Kinder sind undankbar. Mein Chef ist ungerecht. Die Wohnung ist zu klein. Die Zeiten sind so unsicher. Meine Kollegen behandeln mich schlecht.

Ich habe die Verantwortung für mein Leben aus den Händen gelegt. Ich bin nicht mehr König in meiner eigenen, kleinen Welt. Ich bin vom Thron gestiegen. Der Thron ist leer. Wirklich? Nein, richtig leer ist er nicht. Mal regiert dort der Ehepartner, mal die Kinder, mal die Nachbarn und mal die Wohnung.

Ich will nicht zulassen, dass andere über mein Leben bestimmen. Ich will mein Glück nicht davon abhängig machen, was andere denken oder tun. Ich will die Verantwortung für mein Glück selbst übernehmen. Und ich bin bereit, die Hindernisse zu meinem Glück selbst aus dem Weg zu räumen.

Ich will damit aufhören, mein Glück ständig auf morgen zu schieben.

Ich habe erkannt, dass ich für mein Glück verantwortlich bin und niemand sonst. Ich kann mit der Suche nach Schuldigen aufhören, denn damit lenke ich mich nur von meiner Verantwortung ab.

Ich habe erkannt, dass ungelöste Probleme meinem Glück im Weg stehen. Wenn ich aufhöre, vor meinen Problemen die Augen zu verschließen oder davonzulaufen, sondern mich ihnen vielmehr mutig stelle, habe ich bereits viel für mein Glück getan.

Ich habe erkannt, dass einige Veränderungen in meinem Leben nötig sind, bevor das Glück häufiger bei mir zu Gast sein wird. Vielleicht soll ich mich von negativen Angewohnheiten oder Sichtweisen trennen, vielleicht soll ich weniger trinken oder arbeiten und mehr lachen. Ich habe es erkannt, aber bin noch nicht glücklicher geworden. Ich habe es erkannt, aber nicht in die Tat umgesetzt. Ich mache es so wie mit vielen Dingen in meinem Leben: Ich schiebe sie auf morgen. Aber immer nur morgen glücklich sein ist mir zu wenig!

Oft begegnet mir das Glück gerade in den kleinen, unscheinbaren Dingen.

Wo ich das Glück finden kann? Lange Zeit wusste ich es genau: Glück, das ist der Hauptgewinn, die ganz große Liebe, der endgültige Durchbruch, der Sieg im entscheidenden Spiel, das Traumhaus.

Doch dieses „große" Glück ist äußerst selten. Da kann ich lange warten, ohne ihm zu begegnen. Und ich spürte, wie ich unzufrieden wurde. Der Grund: Ich hatte meinen Blick viel zu sehr auf dieses große Glück gerichtet.

Da entdeckte ich für mich das kleine Glück. Das schenkt mir seitdem an jedem Tag besondere Glücksmomente. Das kleine Glück begegnet mir, wenn ich morgens sehe, wie friedlich meine Kinder schlafen, wenn ich eine schwere Aufgabe löse, wenn die Sonne ins Zimmer scheint, wenn mir ein Lächeln geschenkt wird oder ich etwas dazulerne.

Und dann stelle ich fest, dass aus der kleinen die große Liebe werden kann, dass viele kleine Siege möglich sind, mein kleines Häuschen für mich zum Traumhaus wird und ich das große Los gezogen habe.

Ich will von dem Menschen neben mir erfahren, was ihn wirklich beschäftigt.

61

Da leben wir nun schon seit vielen Jahren zusammen, und ich wusste bisher nicht, warum du in bestimmten Situationen so ängstlich reagierst. Manchmal habe ich mich sogar über dich lustig gemacht. Ich bin so dankbar, dass wir kürzlich einen ganzen Abend lang über deine Angst gesprochen haben. Jetzt verstehe ich vieles und fühle mich dir noch intensiver verbunden als vorher.

Da arbeiten wir schon seit Jahren zusammen, und ich wusste nichts von deiner Krankheit. Ich danke dir für dein Vertrauen, dass du mir gestern davon erzählt hast. Manche deiner Reaktionen kann ich jetzt erst richtig einordnen.

Da sind wir schon lange miteinander befreundet, und ich erfahre erst jetzt, dass du dich von deinem Partner getrennt hast. Ich war so wenig sensibel, dass ich deine Andeutungen alle nicht verstanden habe.

Wenn mir ein Mensch persönlich wichtig ist, will ich auch wissen, was ihn wirklich beschäftigt. Sonst wird unsere Beziehung immer nur oberflächlich bleiben.

In jeder Woche will ich mir freie Zeit als festen Termin einplanen.

Ich erinnere mich gern an die Begegnung mit einem erfolgreichen Geschäftsmann. Er erzählte mir von einer Phase seines Lebens, in der er fast nichts anderes kannte als Arbeit. Seine Ehe zerbrach daran, und mit seiner Gesundheit ging es rapide bergab.
Heute arbeitet er deutlich weniger als damals. „Ich habe meinen Mitarbeitern mehr Verantwortung übergeben. Das tut denen gut und mir auch. Und was ich in 50 Stunden nicht schaffe, schaffe ich auch in 60 oder 70 nicht.“ Er ist heute noch erfolgreicher als früher. Und er ist endlich mit seinem Leben zufrieden.
Zum Abschluss unseres Gesprächs zeigte er mir seinen Terminkalender. Der war voll. Aber mehrmals in der Woche gab es kleinere oder größere Blöcke, da stand nur: „freie Zeit“. „Das sind für mich genauso wichtige Termine wie geschäftliche Besprechungen, in denen es um viel Geld geht.“
So will ich es auch machen: Wenn ich nicht von allein freie Zeit habe, will ich sie fest in meinem Kalender einplanen.

Wenn ich Langeweile habe, mache ich mir deutlich, dass ich sehr verschwenderisch mit meiner Zeit umgehe.

63

Langeweile bedeutet, dass ich mit meiner Zeit nichts anzufangen weiß. Vielleicht bin ich einige Tage ans Bett gefesselt, vielleicht warte ich auf etwas, vielleicht habe ich zu nichts Lust. Auf jeden Fall ist es schade um die schöne Zeit!

Ich denke daran zurück, als die Kinder noch klein waren, ich oft in der Nacht aufstehen musste und ständig beschäftigt war. Was hätte ich damals für ein wenig freie Zeit gegeben!

Ich denke an einen alten Herrn, der genau wusste, dass er in den nächsten Tagen sterben würde. „Wie oft habe ich meine Zeit verschwendet! Und wie kostbar erscheinen mir heute ein paar Stunden oder ein paar Tage Zeit."

Ich weiß, dass meine Zeit begrenzt ist. Darum will ich dieses kostbare Geschenk so gut wie möglich nutzen. Ich will arbeiten und lachen, nachdenken und unterwegs sein, ausruhen und neue Kraft schöpfen. Nur verschwenden will ich sie nicht!

Ich lasse mich durch meine Probleme und Sorgen nicht um den Schlaf bringen.

Das Drama beginnt mitten am Tag: Ich mache mir Sorgen und bin für alles andere wie blockiert. Ich fühle mich erdrückt von meinen Problemen und kann mich nicht dazu durchringen, sie zu lösen. Am Abend bin ich fix und fertig. Zusätzlich peinigt mich mein schlechtes Gewissen, weil ich meine normalen Aufgaben nicht erledigt habe.

Die folgende Nacht ist schrecklich. Die Probleme erscheinen jetzt noch mächtiger. Die Sorgen lassen mir keine Ruhe. Und zwischendurch meldet sich mein schlechtes Gewissen. Von erholsamem Schlaf kann keine Rede sein. Am nächsten Morgen frage ich mich, wie ich diesen Tag überstehen soll.

Die Konsequenz? Ich gestatte meinen Problemen und Sorgen keine Macht über mein Leben. Ich nehme mir die Zeit und die Kraft, meine Probleme zu lösen, auch wenn mir dabei mancher Schritt nicht leicht fällt. Ich verzichte auf meine Sorgen, weil sie mir das Leben nur unnötig schwer machen. Und abends vor dem Schlafengehen lasse ich alles los, was mich am Tag beschäftigt hat.

65

Manchmal tut es mir äußerst gut, wenn ich mich selbst nicht so wichtig nehme.

Ich habe schon oft erfahren, wie wichtig es ist, mich selbst besser kennen zu lernen. Ich konnte neue Seiten, Interessen und Fähigkeiten an mir entdecken, Probleme lösen und Fehlentwicklungen erkennen, meine Schwächen akzeptieren und an ihnen arbeiten. Ich konnte neues Selbstwertgefühl entwickeln und wieder zu mir stehen.

Doch es gab Zeiten, in denen ich es übertrieben habe. Da kreiste mein Denken nur noch um mich selbst. Unermüdlich kramte ich in meiner Vergangenheit herum. Überall meinte ich, neue Probleme zu entdecken. Ich wurde immer empfindlicher und fühlte mich von allen Seiten angegriffen und in Frage gestellt.

Ich will mich selbst wichtig nehmen, aber nicht zu wichtig. Ich will im Mittelpunkt stehen können, aber auch ganz am Rand. Ich will mich mit meinen Problemen auseinander setzen, aber sie nicht überbewerten. Ich will mich über einen Sieg freuen und die Erfahrung machen, dass ich auch mit einer Niederlage gut leben kann.

Ich will nichts halb, sondern alles ganz tun.

Manche Menschen sind deshalb mit ihrem Leben so unzufrieden, weil sie nichts ganz, aber vieles halb machen. Sie schließen viele „Freundschaften“, doch wirkliche Freunde haben sie nicht. Sie „arbeiten“ ständig an ihren Problemen, aber sind nicht bereit, schmerzhafte Konsequenzen zu ziehen und den entscheidenden Schritt zu tun. Sie sind mit ihrer Arbeit nie fertig und können sich doch nur selten auf eine Tätigkeit konzentrieren. Sie wollen gern viel erreichen, aber sind nicht bereit, den Preis dafür zu zahlen.

Ich will lieber etwas weniger, aber dafür alles ganz tun. Ich will keine halben Sachen mehr. Ich will intensiv und konzentriert arbeiten, aber dann auch rechtzeitig eine Pause einlegen. Ich will ganz für meine Familie da sein, statt immer noch mehr Ehrenämter zu übernehmen. Ich will mir Zeit nehmen für ein wichtiges Gespräch und mich durch nichts davon ablenken lassen. Und heute Abend beim Konzert will ich mich ganz für die Musik öffnen.

Wenn ich spüre, dass ich etwas tun muss, dann will ich es nicht lange aufschieben.

Ich erinnere mich noch sehr gut an seine Worte: „Ich arbeite in letzter Zeit wieder viel zu viel. Das bekommt meinem Herz gar nicht gut. Ich sollte unbedingt Urlaub machen!" Leider fand er dafür keine Zeit. Sechs Monate später las ich in der Zeitung seine Todesanzeige.

Manchmal spüre ich den deutlichen Impuls, etwas Bestimmtes zu tun: Ich sollte eine Pause einlegen und mich mehr schonen. Ich sollte mit den Nachbarn sprechen und versuchen, die Angelegenheit wieder in Ordnung zu bringen. Ich sollte öfter etwas unternehmen. Ich sollte morgens wieder laufen. Ich sollte meinen Traum verwirklichen und in die Berge fahren oder Venedig besuchen. Ich sollte endlich in eine kleinere Wohnung ziehen.

Doch meistens habe ich diese Impulse ignoriert. Oder ich habe es hinausgeschoben. Morgen, oder nächstes Jahr! Und damit habe ich mich vielleicht um die wichtigsten Augenblicke meines Lebens gebracht. Doch heute verspreche ich mir: Das wird sich ändern!

Wenn ich etwas zu feiern habe, will ich nicht zu lange damit warten.

Ich erinnere mich an meinen Geburtstag vor einigen Jahren. Ich hatte mich entschieden, die Feier zu verschieben. „Ich habe gerade so viel zu tun, da bleibt keine Zeit zum Feiern. Wir holen das aber bald nach." Das sagte ich meinen Freunden. Doch dabei blieb es. Als ich wieder an den Geburtstag dachte, waren schon viele Wochen vergangen.

Als ich die Beförderung in der Hand hielt, versprach ich meiner Familie einen Ausflug ans Meer, so sehr freute ich mich. Doch schnell hatte mich der Alltag wieder, und das Meer haben wir seitdem noch nicht zu Gesicht bekommen.

Es gibt oft eine Gelegenheit, mich über etwas zu freuen und ein fröhliches Fest zu feiern. Es gibt häufiger einmal einen Grund, von Herzen zu danken. Es gibt manchen Anlass, meine Freude mit anderen zu teilen. Und es würde mir gut tun, mich auch einmal für einen Erfolg zu belohnen. Ich will damit in Zukunft nicht immer warten, bis es zu spät ist. Ich will die Feste feiern, wenn sie fallen.

Statt ständig vom Urlaub zu träumen, will ich mich begeistert an die Arbeit machen.

Wenn ich längere Zeit am Schreibtisch sitze, kann ich mich irgendwann nicht mehr richtig auf meine Arbeit konzentrieren. Dann ist es höchste Zeit, eine Pause einzulegen. Wenn ich wochen- oder monatelang hart gearbeitet habe, dann reicht eine normale Pause nicht mehr aus. Dann bin ich wahrscheinlich urlaubsreif. Dann erwarten mich die Berge oder die Insel oder mein kleiner Garten zu Hause.

Ich kenne viele Menschen, die während der Arbeit vor allem an ihren Urlaub und an den Feierabend denken. Wenn ich ehrlich bin, geht es mir auch manchmal so: Meine Gedanken wandern von meiner Arbeit an das Flussufer hoch oben im Norden oder in die Weinberge im Süden.

Ich möchte meine Arbeit gern so begeistert tun, dass ich gar nicht in die Versuchung komme, vom Urlaub zu träumen und über mögliche Reiseziele nachzudenken. Und ich möchte meinen Urlaub so entspannt verbringen, dass ich nicht im Traum auf die Idee komme, an meine Arbeit zu denken.

70

Ich will nicht zuschauen, wie andere leben. Ich will selber leben!

Ich schaue gern zu. Im Straßencafé beobachte ich ein verliebtes Pärchen. Im Magazin lese ich, was gerade an unerhörten Dingen am Königshof XY geschieht. Und vor dem Fernsehschirm fiebere ich mit, ob meine Lieblingsschauspielerin sich nun tatsächlich mit diesem Fiesling einlässt oder nicht. Ich schaue zu, wie andere leben oder wie sie mir Leben vorspielen.

Doch die Zeit, die ich benötige, um anderen beim Leben zuzuschauen, fehlt mir für mein eigenes Leben. Für mein eigenes Leben? Ist das Zuschauen nicht viel interessanter und ergiebiger? Da erlebe ich schließlich innerhalb weniger Minuten das größte Glück und – die tiefste Enttäuschung.

Ich will selber leben! Ich will mein Leben nicht als Zuschauer verbringen. Ich will selber den Schmerz erfahren, enttäuscht oder verlassen zu werden. Und ich will selber vor Glück platzen, wenn meine Kinder mir in die Arme laufen oder wenn ich ein großes Ziel nach vielen Anstrengungen erreicht habe.

Statt gegen das Leben zu kämpfen, will ich mich mit ihm anfreunden.

71

Für viele Menschen ist das Leben ein einziger Kampf. Sie kämpfen gegen ihre eigenen Gefühle, sie kämpfen gegen die Arroganz und Lieblosigkeit ihrer Mitmenschen, gegen die Anonymität und die Geschwindigkeit der heutigen Zeit, gegen das Wetter in unseren Breitengraden, gegen das Älterwerden und ihre eigenen Begrenzungen, gegen jedes Tief, gegen Mühe und Unsicherheit und gegen jede Veränderung.

Ich habe mich gegen diesen Kampf entschieden. Dazu ist mir meine Zeit zu schade. Ich will mich mit dem Leben und seinen vielfältigen Farben anfreunden. Ich will zulassen, dass es neben Höhepunkten immer auch Tiefpunkte geben wird. Ich will mir eingestehen, dass das Schlaraffenland der langweiligste Ort der Welt wäre. Ich will mich den vielfältigen Herausforderungen des Lebens stellen, mit Lust und Mut und manchmal auch mit Zittern. Ich will Veränderungen zulassen und herbeiführen. Und manchmal spüre ich, wie sehr ich das Leben liebe.

Ich will nicht über Einsamkeit klagen, solange ich meine Freundschaften nicht pflege.

Ich erinnere mich noch gut an eine schwierige Zeit. Damals fühlte ich mich sehr unglücklich und aß eine Menge Schokolade. Aber die Schokolade hatte eine fatale Nebenwirkung: Ich nahm zu und wurde träge. Mein tägliches Lauftraining stellte ich ein. Da fühlte ich mich erst recht unglücklich und begann, mich selbst zu bedauern.

Irgendwann erkannte ich, dass ich mein Schicksal selbst in der Hand habe. Ich hörte auf zu klagen, sagte der Schokolade „ade“ und begann, wieder regelmäßig zu laufen. Und mir ging es wieder richtig gut.

Daran musste ich denken, als mir kürzlich eine ältere Dame von ihrem schweren Schicksal erzählte. Ihre Kinder kümmerten sich nicht um sie, und deshalb litt sie schrecklich unter Einsamkeit. Ich fragte sie, ob sie keine Freunde habe. „Ich sage hier Guten Tag und dort Hallo, aber ich mag nicht, wenn es enger wird!“

Noch am selben Tag entschloss ich mich, nie wieder zu klagen, wenn ich selbst etwas an meiner Situation verändern kann.

Am Morgen will ich mich fragen, worauf ich mich heute besonders freue.

73

An jedem Tag erlebe ich schöne, interessante Augenblicke. Manchmal geschieht das völlig überraschend: Ich freue mich über den unerwarteten Anruf einer guten Freundin. Ich genieße die ersten warmen Sonnenstrahlen. Ich bin dankbar für einen Erfolg, mit dem ich nicht mehr gerechnet hatte. Ich freue mich über eine interessante Anregung in der Mittagspause.

Aber es gibt auch Augenblicke, auf die ich mich schon vorher freue: Ich denke an den Duft von frisch gebrühtem Kaffee. Ich stelle mir den überraschten Blick meiner Kollegin vor, wenn ich von meiner neuen Idee erzähle. Ich freue mich darauf, nachher in aller Ruhe über den Markt zu schlendern und den Duft von frischen Kräutern einzuatmen. Ich freue mich auf eine interessante Aufgabe im Büro. Und ich bin schon ganz außer mir, wenn ich an das Konzert heute Abend denke.

Ja, heute frage ich mich, worauf ich mich besonders freue. Und ich bin überzeugt: Es wird ein guter Tag!

Ich hoffe, dass ich heute Abend aus ganzem Herzen sagen kann: Ich habe gelebt!

Ein neuer Tag liegt vor mir. Und es liegt vor allem an mir, ob es ein guter oder ein schlechter Tag werden wird. Darum will ich diesen Tag aktiv mitgestalten. Ich will mich nicht vor den Herausforderungen drücken. Ich will mich nicht zurückziehen und stets den anderen das Feld überlassen. Ich will auch nicht fragen, was die anderen tun, um es ihnen dann nachzumachen. Ich will mich nicht verstecken hinter meiner Arbeit oder hinter meiner Krankheit. Ich will mich nicht von meiner Angst und meinen Zweifeln beherrschen lassen. Und ich will meine Bequemlichkeit nicht über meine Neugier siegen lassen.

Ich sage Ja zum Leben, Ja zu mir selbst und zu meinen Mitmenschen. Ich tue, was ich für richtig halte, und gehe konsequent meinen eigenen Weg. Ich nehme die Herausforderungen dieses Tages an. Ich bin offen für alles Neue, vor allem für alles Lebendige. Und ich glaube fest daran, dass ich ein Kind des Lebens bin.

75

Lieber entscheide ich mich falsch als gar nicht.

Oft stehe ich vor einer wichtigen Entscheidung und weiß nicht, was ich wirklich will. In Gedanken spiele ich alle Möglichkeiten durch, wäge die jeweiligen Vor- und Nachteile gegeneinander ab und schlafe noch einmal drüber. Und zum Schluss macht mir noch meine Angst einen Strich durch die Rechnung.

Vielleicht fällt es mir deshalb so schwer, weil ich auch in unwichtigen Dingen oft nicht weiß, was ich wirklich will. Auch da überlege ich lange hin und her und warte manchmal so lange, bis sich die Entscheidung längst erledigt hat.

Ich will bei den kleinen Dingen anfangen: Ich werde keine Entscheidung mehr auf die lange Bank schieben. Und wenn ich mich einmal falsch entscheide? Macht nichts! Lieber sich einmal falsch entscheiden, als nie eine Entscheidung zu treffen.

Dann wird es mir bald auch bei den wichtigen Dingen gelingen, mich zu entscheiden und dann dazu zu stehen. Keine Entscheidung ist die schlechteste Entscheidung.

Ich kann nicht über den Sternenhimmel staunen, wenn ich keine Zeit dafür habe.

Das ist mir klar geworden: Für interessante Begegnungen brauche ich Zeit. Für aufregende Entdeckungen brauche ich Zeit. Für die große Liebe brauche ich Zeit. Für wichtige Gespräche brauche ich Zeit. Für entscheidende Veränderungen brauche ich Zeit. Für alle großen Gefühle brauche ich Zeit.

Wenn ich nur für meine Arbeit oder nur für eine bestimmte Aufgabe lebe und für nichts anderes Zeit habe, wird mein Leben äußerst einseitig sein. Wenn ich nur an Geld interessiert bin, werde ich nicht wissen, was wirkliche Liebe ist. Wenn ich nur Fakten und Zahlen traue, werde ich mit Glaube und Hoffnung nichts anzufangen wissen. Wenn ich nur Spaß will, weiß ich nicht, wie beglückend es sein kann, einem Menschen bei einer Krankheit beizustehen.

Und immer, wenn ich wieder einen dieser großartigen Augenblicke erlebt habe, bin ich froh und dankbar, dass ich mir die Zeit dafür genommen habe.

Ein Augenblick des Glücks kann den ganzen Tag verzaubern.

Ich stehe schrecklich unter Druck. Ich muss mich beeilen, um alles rechtzeitig zu schaffen. Für etwas anderes habe ich keine Zeit!" Wie oft mache ich mir das Leben durch solche Gedanken unnötig schwer! Wie oft schaffe ich mein Arbeitspensum gerade deshalb nicht, weil ich mir keine Pause und keine kleine Abwechslung gegönnt habe! Wie oft treibe ich mich selbst in die Krise!

Dabei kann schon eine kurze Pause Wunder wirken: Zeit für einen Spaziergang, die Straße hinunter und wieder zurück, ein Telefongespräch mit dem geliebten Menschen, ein paar Minuten Andacht drüben in der Kirche, ein gemütliches Essen am Abend, eine Stunde Schlittschuhlaufen mit der Tochter oder ein paar Mal Luftholen unten am Hafen.

Ich habe mir bisher nicht genug deutlich gemacht, wie heilsam ein kurzer glücklicher Augenblick sein kann. Jetzt ist mir klar, wie gut ein wenig Abwechslung tut. Und ich habe erkannt, wie viel Zeit ich durch ein wenig Zeit sparen kann.

Rainer Haak bei Herder:

Zum Glück geht's geradeaus.
101-mal Ja zum Leben
ISBN 3-451-27810-3

Gute Wünsche zum Geburtstag.
101-mal Ja zum neuen Lebensjahr
ISBN 3-451-27534-1

Zum Glück bist du einzigartig.
101-mal Ja zu dir
ISBN 3-451-27671-2

Zum Glück gibt's Freude.
101-mal Ja zur Lebenslust
ISBN 3-451-27767-0

Zum Glück gibt's Dich.
101-mal Ja zur Freundschaft
ISBN 3-451-27970-3

Zum Glück gibt's Wunder.
77-mal Ja zum Reichtum des Lebens
ISBN 3-451-28049-3

Liebe dein Leben
weil du Geburtstag hast
ISBN 3-451-27972-X

Liebe dein Leben
und finde dein Glück
ISBN 3-451-27973-8

Liebe das Leben
und vergiss die Sorgen
ISBN 3-451-28050-7

Liebe das Leben
und nimm dir Zeit
ISBN 3-451-28051-5

Liebe das Leben
und sei gut zu dir
ISBN 3-451-28132-5

Informationen über Bücher und Veranstaltungen von Rainer Haak
erhalten Sie im Internet unter: www.rainerhaak.de

www.herder.de
Einbandgestaltung: Hermann Bausch, Freiburg i. Br.
unter Verwendung eines Motivs von Klaus Ender, Bergen auf Rügen
Satz: Layoutsatz Kendlinger, Freiburg i. Br.
Reproduktionen: Rete Repro GmbH, Freiburg i. Br.
Herstellung: fgb · freiburger graphische betriebe 2003
www.fgb.de
ISBN 3-451-28131-7